AF316959

# ÉLOGE DE LAËNNEC

## DISCOURS

PRONONCÉ A L'OCCASION DE L'ÉRECTION DE SA STATUE

A QUIMPER

### Par M. le Professeur BOUILLAUD

MEMBRE DE L'INSTITUT

PARIS

IMPRIMERIE FÉLIX MALTESTE ET Cⁱᵉ

22, rue des Deux-Portes-Saint-Sauveur, 22

—

1869

# ÉLOGE DE LAËNNEC

# DISCOURS

PRONONCÉ A L'OCCASION DE L'ÉRECTION DE SA STATUE

## A QUIMPER

## Par M. le Professeur **BOUILLAUD**

MEMBRE DE L'INSTITUT

PARIS

IMPRIMERIE FÉLIX MALTESTE ET Cie

22, rue des Deux-Portes-Saint-Sauveur, 22

—

1869

# DISCOURS

Messieurs,

I. — C'est au nom de la Faculté de médecine de Paris, fière d'avoir compté parmi ses membres le héros de cette grande solennité, que je viens, à mon tour, prendre la parole devant cette immense Assemblée. Plût à Dieu qu'en me confiant une telle tâche, la Faculté n'eût pas oublié de me munir en quelque sorte de tous les moyens nécessaires pour m'en acquitter d'une manière digne d'elle, et de celui dont nous célébrons si glorieusement la mémoire !

Dans cette antique ville de Quimper, dont l'entrée est si pittoresque et si charmante, moins charmante encore cependant que l'hospitalité avec laquelle ses religieux habitants nous ont reçus, et dont nous conserverons tous le plus doux souvenir; dans Quimper, en 1781 (le 17 février), naissait, sous les noms de René-Théophile-Hyacinthe Laënnec, un enfant de corps grêle et fragile. Elle aurait tressailli de joie, cette heureuse cité, si elle eût pu deviner que cet enfant, si faible, n'était pourtant rien moins qu'un futur grand homme, qu'un des *messics* de la médecine, et qu'un jour viendrait où nul géographe ne pourrait parler de Quimper sans dire : C'est la ville natale de Laënnec, de ce grand observateur qui s'immortalisa par la découverte de l'*auscultation médiate*; et sur la principale place de cette ville, à côté et comme à l'ombre de sa belle cathédrale, s'élève la statue que lui votèrent ses contemporains reconnaissants.

II. — Dans le courant de la première année de ce siècle, Laënnec vint à Paris pour y achever ses études médicales, commencées sous les auspices d'un oncle qui, d'abord médecin des armées, devint plus tard médecin en chef de la grande ville de Nantes. C'est à lui que Laënnec dédia sa thèse inaugurale, se plaisant à lui rendre cet hommage comme à son second père.

A l'époque où Laënnec arrivait à Paris, une nouvelle école de médecine était fondée depuis peu d'années. Au premier rang de ses professeurs brillaient les Corvisart et les Pinel. C'était alors que la France, respirant enfin après tant et de si violents orages, vivait sous ce règne du Consulat, qui nous a laissé tant de beaux et glorieux souvenirs.

Déjà l'astre éclatant de Bichat s'était si majestueusement élevé sur notre horizon médical, que les plus brillants parmi tous les autres pâlissaient et s'éclipsaient pour ainsi dire en sa présence. Qui désormais pourrait disputer le sceptre de la médecine à l'auteur du *Traité des membranes*, de *l'Anatomie générale* et des *Recherches sur la vie et la mort?*

Malheureusement, cet astre si lumineux, après avoir brillé pendant quelques années, s'éteignait pour jamais. En 1802, le fondateur de la nouvelle école médicale, de cette école qui repose sur les inébranlables fondements de l'anatomie et de la physiologie, Bichat, malgré les soins de Corvisart, déjà médecin du premier consul, tombait, pour ne plus se relever, sur ce noble champ de bataille, où il combattait jour et nuit, avec une intrépidité dont ses plus chers amis n'avaient que trop prévu les suites fatales. Oserai-je le dire, la France médicale perdait en lui son premier consul.

Lorsque Bichat fut ainsi, par la mort la plus prématurée, emporté, comme un autre Alexandre, dans le cours de sa trente et unième année, déjà à côté des Dupuytren, des Broussais, des Richerand et des Roux, on voyait poindre en quelque sorte celui auquel est consacrée cette magnifique solennité.

III. — Après s'être déjà fait connaître par la publication de quelques travaux intéressants, Laënnec, en l'an XII (1804), soutenait à l'École de médecine de Paris sa thèse inaugurale.

Cette thèse est intitulée *Propositions sur la doctrine d'Hippocrate.*

Elle se compose de trois paragraphes précédés d'un préambule, dans lequel l'auteur expose quelques considérations générales sur les faits et les systèmes en médecine, et dans les sciences d'observation de la nature en général. Il fait très-justement remarquer que les différences entre les hommes qui s'occupent de ces sciences, viennent bien moins des faits eux-mêmes que des idées systématiques ou théoriques, c'est-à-dire de la manière de rassembler et de coordonner ces faits. Il ajoute que, en médecine, chaque école, chaque âge a ses idées systématiques, et qu'*en général* on se prévient contre un auteur, en proportion de ce que sa théorie s'éloigne de celle qu'on a soi-même, réflexion pleine de vérité, ainsi que Laënnec devait en être lui-même une éclatante preuve dans sa fameuse lutte avec son compatriote Broussais.

Cette réflexion faite, Laënnec ajoute que, sous le rapport qu'il examine, Hippocrate est de tous les auteurs celui qui doit le moins déplaire, attendu que nulle part il n'a exposé, d'une manière suivie, ses idées systématiques.

Le premier paragraphe a pour sujet la méthode d'Hippocrate.

Dans le second paragraphe, contenant trente-huit propositions développées et *raisonnées*, Laënnec fait l'*exposition de la doctrine d'Hippocrate relativement à la médecine pratique*. Après un coup d'œil rapide sur la partie de cette doctrine, relative aux signes, aux symptômes, aux maladies générales et locales, Laënnec expose, avec des détails suffisamment développés, les idées d'Hippocrate sur cette classe des maladies générales, connues sous le nom de fièvres, et celles qu'il a le mieux étudiées.

Il paraît, dit Laënnec, qu'Hippocrate regardait la fièvre comme une affection particulière, et toujours de même nature, à type continu ou intermittent. Quant aux fièvres continues, il les divisait en aiguës et en chroniques.

Cela bien exposé, Laënnec compare la doctrine pyrétologique d'Hippocrate avec celle des modernes.

Les modernes, dit-il, Selle et le professeur Pinel en particulier, reconnaissent cinq assemblages principaux de symptômes fébriles, ou cinq sortes de fièvres auxquelles on donne les noms d'*inflammatoire* (*angioténique*, du professeur Pinel), *bilieuse* (*méningogastrique*, Pinel), *muqueuse* ou *pituiteuse* (*adéno-méningée*, Pinel), *putride* (*adynamique*, Pinel), et *maligne* (*ataxique*, Pinel).

Laënnec supprime, de sa propre autorité, de la classe des fièvres *essentielles* de Pinel, l'ordre des fièvres *adéno-nerveuses*, attendu qu'il ne parle, dit-il, que des fièvres généralement admises, et non point de celles que quelques-uns admettent et que d'autres rejettent, telles que les fièvres *vermineuses, catarrhales, adéno-nerveuses.*

On trouve encore ici une preuve nouvelle de la liberté avec laquelle Laënnec se conduisait envers les doctrines régnantes ; et en cette circonstance il a même, jusqu'à un certain point, donné le premier signal de cette révolution pyrétologique qui, douze ans plus tard accomplie par Broussais, eut un si grand retentissement dans le monde médical tout entier.

Après ce coup porté au système pyrétologique de Pinel, Laënnec lui en porte un second, bien plus grave, dans les conclusions qui suivent son parallèle entre ce système et la doctrine d'Hippocrate sur le même sujet. Là, il dit hautement, en effet, que malgré les progrès que la nosologie a faits depuis lui, peut-être sera-t-on forcé de revenir sur ce point (la classification des fièvres) à sa manière de voir.

Il développe les motifs de son opinion et continue ainsi : « Ne pourrait-on pas considérer, avec Hippocrate, la fièvre comme une affection *essentielle*, qui peut être accompagnée de tous les symptômes qui constituent les choses communes des maladies ? Cette manière de voir, que je n'appuie ici que sur l'autorité d'Hippocrate, sera bientôt démontrée par des faits. Mon ami M. Fizeau m'a dit avoir observé chez plusieurs malades une fièvre véritablement simple, et sans aucune complication gastrique, muqueuse, etc. Il se propose de publier incessamment un travail sur ce sujet. Depuis qu'il m'a communiqué ses observations, *j'ai vu moi-même deux cas de cette nature.* »

On ne reconnaîtrait donc ainsi que deux espèces de fièvre continue : l'une aiguë et l'autre chronique. A la rigueur, ajoute Laënnec, on pourrait même n'en admettre qu'une espèce.

Au sujet de la fièvre lente, Laënnec cite la thèse inaugurale de Broussais, soutenue en 1802 (an X), ayant pour titre : *Recherches sur la fièvre hectique sans désorganisation des viscères,* et il la cite pour faire remarquer que les fièvres hectiques de cette nature sont réellement des fièvres *simples* lentes.

Laënnec termine en disant que la fièvre, soit aiguë, soit lente, peut être elle-même un épiphénomène dans beaucoup de maladies, telles que le panaris, la phthisie produite par les tubercules du poumon, la nostalgie.

Certes, il faut convenir qu'il y a loin de la classification pyrétologique proposée ici par Laënnec à celle de la *nosographie philosophique,* ouvrage qui comptait déjà dix années d'existence quand fut soutenue la thèse que nous analysons, et qui, on le sait, régnait déjà en souverain dans toutes les écoles. Disons plus, et répéton que la classification de Laënnec, à peine alors âgé de vingt-quatre ans, n'était rien moins qu'un renversement de celle de Pinel, qu'une révolution servant en quelque sorte de précurseur à celle qui devait éclater, en 1816, quand parut le foudroyant examen de Broussais.

Il est bien curieux, en vérité, de rencontrer ici Laënnec en appelant à la thèse de Broussais pour la confirmation de ses idées pyrétologiques. Un autre rapprochement non moins curieux, c'est que Broussais, alors *ultra-essentialiste*, soutenait contre son maître Pinel que la fièvre hectique était une fièvre essentielle. Avouons qu'entre le Broussais de l'an X et le Broussais de 1816, la différence n'était pas petite. Avouons, enfin, que c'est aussi quelque chose d'assez singulier que de voir Broussais, en l'an X, ajouter une fièvre essentielle de plus au cadre pyrétologique de Pinel, et Laënnec, en l'an XII, retrancher de ce même cadre un ordre tout entier de fièvres essentielles, celui des fièvres *adéno-nerveuses*.

Quoi qu'il en soit, Laënnec et Fizeau n'achevèrent pas l'œuvre qu'ils avaient promise. Pinel, dans les éditions de sa nosographie postérieures à la thèse de Laënnec, ne fit que signaler en passant la *prétendue* fièvre *simple*, l'accusa de n'être qu'une pure *abstraction*, et tout fut fini pour le moment sur cette grave question.

Le troisième et dernier paragraphe de la thèse de Laënnec roule sur l'*utilité de la doctrine d'Hippocrate relativement à la médecine pratique.*

Ce paragraphe commence par de saines réflexions sur la médecine dite symptomatique. L'auteur y invoque l'autorité de Corvisart, cet illustre fondateur de l'école clinique française, auquel il décerne le titre de *célèbre praticien,* et auquel il témoigne sa reconnaissance pour les excellentes leçons qu'il en a reçues dans ses cours de clinique. Il ne prévoyait pas, sans doute, à cette époque, qu'il serait un jour l'un de ses plus glorieux successeurs.

Dans ce même paragraphe, Laënnec signale comme indispensable l'étude de la séméiotique, portée si loin par Hippocrate, celle de la *nosologie*, dans laquelle, selon lui, les modernes ont une très-grande supériorité, et sans laquelle, au commencement de ses études cliniques, un jeune médecin, ajoute-t-il, ne saurait avoir d'idées claires sur les maladies.

Le jeune Laënnec, en louant comme il le faisait la supériorité d'Hippocrate en matière de *séméiotique*, aurait été bien surpris si, par une espèce de miracle, on lui eût fait connaître alors tout ce que contient le *Traité de l'auscultation médiate* sur cette partie de la médecine, et je ne sais ce qu'il eût répondu à celui qui lui aurait demandé ce que c'était que la séméiologie proprement dite du père de la médecine, mise en parallèle avec celle de l'auteur de l'admirable ouvrage ci-dessus nommé.

Laënnec couronne sa thèse par une dernière déclaration d'indépendance en matière de doctrine médicale, qu'il formule en citant ce passage de Klein (1), bien digne, en effet, d'être cité: « Liberam profiteor medicinam; nec ab antiquis sum nec a novis. Utrosque ubi veritatem colunt sequor. Magni facio sæpius repetitam expérientiam. »

N'est-il pas vrai, Messieurs, que la thèse inaugurale de Laënnec méritait bien les honneurs de cette longue analyse? N'est-il pas vrai que ce coup d'essai était un incontestable coup de maître? N'est-il pas vrai, enfin, qu'il n'est rien de beau qu'on ne pût espérer de celui qui avait commencé par de telles prémices? Certes, le jeune aiglon qui essayait ainsi ses ailes devait, en les déployant plus tard dans toute leur ampleur, planer dans les plus hautes régions de la science.

IV. — A partir de l'époque où fut soutenue sa thèse inaugurale, jusqu'à celle où, sous la plus heureuse des inspirations, ce mortel privilégié, portant sur son front le signe sacré d'un génie créateur, couronna tous ses autres travaux, toutes ses autres découvertes par cette admirable invention de la méthode de l'auscultation; à partir de ces deux termes, éloignés d'une dizaine d'années l'un de l'autre, quelle avait été la vie médicale de Laënnec? Le voici : il avait composé un bon nombre de mémoires et de dissertations sur les sujets les plus divers, tels que l'*Histoire naturelle médicale*, l'*Anatomie normale*, l'*Anatomie pathologique*, dont il était en quelque façon devenu le Bichat, et de plus sur *la médecine et la chirurgie proprement dites*.

Insistons quelques instants sur deux des plus remarquables de ces travaux, tous, d'ailleurs, plus ou moins originaux.

1° En 1802, Laënnec, âgé de vingt et un ans seulement, publie un mémoire sur cette péritonite, dont tout, même le nom,

____

(1) *Interpr. clinicus*.

était encore inconnu avant les recherches de Walter et de Bichat, lesquelles ne sont antérieures que de quelques années à celles de Laënnec.

Avant ces deux auteurs, la péritonite avait été confondue avec les phlegmasies des divers organes abdominaux, encore si peu étudiées elles-mêmes. Laënnec, dont l'anatomie pathologique, ainsi que nous l'avons noté, était l'étude favorite, s'applique, d'une manière toute spéciale, à la description de l'exsudation, des fausses membranes qui sont la suite de la péritonite. Il reconnaît que, dans le cas d'une terminaison heureuse, c'est la matière exsudée, dont la partie liquide a été résorbée, qui se transforme en tissu cellulaire, en brides, en plaques, en petites tumeurs arrondies de même nature. C'est encore, selon lui, à la métamorphose des pseudo-membranes que sont dues les *granulations, ainsi que toutes les autres productions accidentelles que l'on rencontre chez les sujets qui ont échappé aux premiers effets d'une inflammation de poitrine.*

Certes, dans cet opuscule, où la physiologie et l'anatomie pathologique sont si étroitement associées l'une à l'autre, où des productions accidentelles très-variées sont considérées, de la manière la plus explicite, comme des *suites* d'inflammation, on n'aurait guère deviné le futur adversaire de l'auteur de l'*Histoire des phlegmasies chroniques.*

2° En 1805, d'abord dans le journal de Corvisart, Leroux et Boyer, et, sept ans plus tard, dans le grand *Dictionnaire des sciences médicales,* Laënnec fait paraître un long travail sur l'anatomie pathologique. A la classification de Bichat, qui comprenait, sous deux grandes classes, toutes les altérations organiques, Laënnec, son jeune et brillant continuateur, en substitue une autre plus compliquée, bien que fort incomplète elle-même, et qui a joui néanmoins d'une juste célébrité. En voici les quatre divisions fondamentales : 1° lésions de nutrition, telles que hypertrophie, atrophie ; 2° altérations de position, telles que hernies, luxations ; 3° altérations de texture produites par un agent extérieur, ou par le développement intérieur d'un corps étranger organisé ; 4° les corps animés étrangers, tels que les vers, les insectes.

Dans ce nouveau travail, nous nous plaisons à le faire remarquer, Laënnec savait encore associer la physiologie à l'anatomie. Quoi de plus physiologique, en effet, que cette *nutrition,* dont les lésions constituaient une des grandes divisions de sa classification anatomo-pathologique ?

Nous insistons sur cette heureuse alliance établie par Laënnec entre l'anatomie et la physiologie, pour bien faire comprendre, par une sorte d'anticipation, que si plus tard il devait se constituer l'adversaire de son illustre compatriote Broussais, chef de la médecine dite *physiologique,* ce ne pouvait pas être parce qu'il repoussait la physiologie en elle-même, mais la physiologie de Broussais, quand elle n'était pas conforme à la *sienne propre,* qu'il croyait meilleure.

Les nombreux et importants travaux de Laënnec ne pouvaient manquer de lui ouvrir les portes des hôpitaux, cette sorte d'élément naturel d'un génie observateur tel que celui dont-il était doué. Elles lui furent, en effet, assez promptement ouvertes. De l'hôpital Beaujon, où il fut d'abord placé, il passa bientôt à cet hôpital Necker, auquel le nom et les travaux de Laënnec devaient valoir une éternelle célébrité. C'est là qu'il recueillit, dans l'espace de quelques années (de 1815 à 1819), les innombrables et précieux matériaux de l'ouvrage, qui constitue son principal, son incomparable titre de gloire.

Il ne quitta plus l'hôpital Necker, ce théâtre de ses admirables recherches, que pour être, après sa nomination au professorat, en 1823, installé dans les salles de clinique de la Charité. Elles étaient depuis trois ans veuves, et veuves désolées, de leur immortel fondateur, Corvisart, dont il n'appartenait à personne, pas même à Laënnec, de faire oublier le grand nom ; Corvisart, qu'un autre grand maître comme lui, le Corvisart de la clinique chirurgicale, Dupuytren, avait comparé au dieu même de la médecine, en parlant de ses magnifiques leçons cliniques.


V. — Un sens manquait à la médecine, et je dirais, si je l'osais, que, *créateur,* par une sorte de délégation divine, Laënnec le lui a donné. Or, ce sens, dont la médecine était dépourvue, n'était rien moins que l'ouïe, lequel, comme la vue et le toucher, constitue un des trois sens les plus éminemment intellectuels.

En nous le créant, Laënnec, véritable Christophe Colomb de la médecine, nous avait, en quelque sorte, découvert un nouveau monde de connaissances, au moyen desquelles la science du diagnostic d'un grand nombre de maladies avait réellement changé de face.

Il avait donné à la méthode d'exploration nouvelle le nom d'auscultation *médiate,* parce que, au lieu d'appliquer immédiatement l'oreille sur les parties où il fallait ausculter, il avait inventé un instrument qu'il avait appelé, soit *stéthoscope,* soit *cornet acoustique.*

Mais l'invention de l'instrument, en comparaison de celle de l'auscultation elle-même, n'est rien, ou presque rien ; car, dans l'immense majorité des cas, on peut s'abstenir de l'usage de cet instrument, aujourd'hui réservé seulement, en effet, pour l'auscultation d'un certain nombre de phénomènes d'acoustique médicale.

J'ai dit que l'auscultation avait changé la face du diagnostic de toutes les maladies si nombreuses, dans lesqelles elle est applicable. J'ajoute, avec son auteur, que, grâce à son emploi, ces maladies, dont le diagnostic était, soit tout à fait impossible, soit très-difficile ou plus ou moins incertain, a désormais acquis une certitude, qui égale ou surpasse celle des maladies chirurgicales considérées comme les plus faciles à reconnaître.

Voici un exemple des plus éclatants de cette vérité pour ce qui concerne le diagnostic d'un ordre tout entier de maladies les plus communes, et affectant l'un des organes les plus importants de l'économie vivante, les poumons. On sait que, vers la fin du siècle dernier, un praticien allemand des plus illustres s'était écrié : O QUANTUM *difficile pulmonum morbos curare!* O QUANTO DIFFICILIUS EOSDEM DIGNOSCERE ! Eh bien, Messieurs, qui peut ignorer aujourd'hui que, pour tout clinicien exercé et suffisamment versé dans la pratique de l'auscultation, ces maladies rentrent précisément dans la classe de celles que nous signalions plus haut, pour la certitude avec laquelle leur diagnostic pouvait être établi?

Or, combien avait-il fallu de temps à Laënnec pour opérer une si heureuse révolution dans le diagnostic des maladies que la médecine, après plus de trente siècles d'existence, considérait encore comme si difficiles à reconnaître? Vous le savez, Messieurs, c'est après trois à quatre années de recherches seulement que Laënnec avait opéré ce véritable prodige, non-seulement pour le diagnostic des maladies du poumon, mais pour celui de tant d'autres encore.

Pour exposer ici, Messieurs, toutes les découvertes de détail dont Laënnec peut se glorifier en matière d'auscultation, il ne me faudrait rien moins que dérouler en quelque sorte sous vos yeux la moitié, peut-être plus, des deux gros volumes dont se compose cet admirable *Traité de l'auscultation médiate,* qu'il faut avoir nuit et jour entre les mains : *Nocturna versate manu, versate diurnâ.*

Quelque abondante qu'ait été la moisson de vérités nouvelles recueillie par un tel moissonneur, il a pourtant laissé beaucoup à glaner après lui. Parmi ces glaneurs qui, du vivant de Laënnec ou après sa mort, se sont plus ou moins signalés, il en est un auquel on ne me pardonnerait pas, surtout dans cette ville et dans cette occasion solennelle, de n'avoir pas décerné, par une exception dont il est si digne, les honneurs d'une mention. Je veux parler ici d'un ami, d'un parent, d'un compatriote de Laënnec, de M. le docteur de Kergaradec, l'inventeur des bruits que l'on entend en auscultant l'abdomen, dans le cours de la grossesse, à partir du quatrième mois environ de son évolution.

Oui, Messieurs, cette découverte, grâce à laquelle le diagnostic de la grossesse, à compter du quatrième mois, est devenu d'une certitude si admirable ; cette découverte, grâce à laquelle les positions, certaines maladies du fœtus, son état de vie ou de mort, etc., ont pu être connus, déterminés, avec une étonnante précision ; cette découverte, dis-je, suffirait pour faire passer à la postérité le nom d'un homme qui, de plus, par l'élévation de ses sentiments, la dignité, la noblesse de son caractère, a si bien mérité de son pays natal et de la France tout entière. Ajoutons que, sous ce rapport encore, il marchait sur les traces de son illustre parent, ami et compatriote.


VI. — Le rôle d'inventeur, dans lequel Laënnec a brillé d'un si vif éclat, n'était pas le seul qui lui fût réservé. Il devait aussi s'essayer en quelque sorte dans celui, plus éclatant encore peut-être, de chef d'école. Ceux qui, à notre exemple, Messieurs, ont lu attentivement le premier ouvrage de Laënnec, sa dissertation inaugurale, ne seront point étonnés que cet homme éminent n'ait pas reculé devant une tentative si périlleuse, bien capable cependant d'effrayer les esprits les plus hardis.

Cette noble et vaste ambition de Laënnec ne se révélait pas clairement encore, quand parut la première édition du *Traité de l'auscultation*. Mais il n'était plus permis d'en douter lorsque, à la suite du coup d'État, qui, en 1822, licencia la Faculté de médecine de Paris, et destitua, *par ordonnance*, plusieurs de ses plus illustres professeurs (entre autres, le vénérable auteur de la *Nosographie philosophique*), Laënnec fut nommé parmi les successeurs des membres de la Faculté, ainsi destitués. Trop heureux l'immortel inventeur de l'*auscultation médiate*, s'il eût fait, sous de meilleurs auspices, son entrée triomphale au sein de cette Faculté, où nul plus que lui n'avait droit d'occuper une place d'honneur !

Mais si l'on pouvait encore nier que Laënnec aspirât véritablement au rôle de chef d'école, cela n'était plus possible à quiconque avait bien lu la seconde édition du *Traité, entièrement refondu, de l'auscultation médiate.* Il suffit même pour s'en convaincre de parcourir avec attention la préface de cette édition, et sa dédicace (écrite en très-beau latin) à ses collègues, messieurs les professeurs de la Faculté de médecine de Paris.

Certes, la conquête d'une si haute position n'était pas facile à l'époque où Laënnec résolut d'y marcher. Le trône de chef de la Faculté était, il est vrai, vacant. Le coup d'État de 1822 avait fait tomber, sans retour, des mains vénérées de Pinel un sceptre que Broussais lui disputait déjà depuis 1816.

1816 ! Telle est, en effet, la date d'une révolution médicale si retentissante, que l'ingénieux président actuel de l'Académie impériale de médecine (1868), M. Ricord, a pu dire, avec autant de vérité que de bonheur, que c'était le 89 de la France médicale.

Non, celui-là n'était pas un rival vulgaire dont la plume avait écrit, en 1808, l'histoire des phlegmasies chroniques, et, en 1816, ce célèbre examen de la doctrine la plus universellement adoptée et des systèmes modernes de nosologie. Depuis cette dernière époque, la gloire du réformateur avait augmenté de jour en jour, et avait enfin atteint son apogée. Tel était le rival contre lequel Laënnec venait se mesurer.

C'est, ai-je dit, dans la dédicace indiquée plus haut, véritable manifeste d'un prétendant à ce titre suprême de chef d'école, et dans la préface de la seconde édition de son livre, que Laënnec ouvrit le combat, en rétorquant contre Broussais lui-même ce reproche d'ontologisme que l'impétueux réformateur avait, avec son énergie et son dédain accoutumés, adressé à ses adversaires.

Accuser de sacrifier à *des êtres de raison*, à *de vains fantômes de l'antique nuit,* celui qui avait été le plus inexorable adversaire de l'ontologie médicale, celui qui avait si fièrement déclaré qu'il ne fléchirait jamais le genou devant le panthéon de cette ontologie ; certes, l'argument était nouveau et des plus piquants.

Laënnec et Broussais s'accusant ainsi réciproquement d'ontologie médicale ! Comme si Broussais n'avait pas dit avec Bichat : *Qu'est l'observation, si l'on ignore là où siége le mal?* Comme si Laënnec à son tour n'avait pas dit que, sans la connaissance de l'anatomie pathologique, les maladies ne seraient que de vains fantômes ! Comme si Laënnec et Broussais n'eussent pas été, avec Bichat, le maître à tous, les grands apôtres de ce nouvel évangile médical, qui pose pour son dogme fondamental, ou sa *pierre angulaire,* l'*incarnation* des maladies !

Quoi qu'il en soit, ceux qui furent spectateurs de ce grand duel médical entre Laënnec et Broussais, en ont conservé un ineffaçable souvenir. Quant à ceux qui n'ont pas assisté à un tel spectacle, où les deux combattants croisèrent, avec tant d'habileté, le fer de la parole et de la plume, et manièrent, avec une dextérité merveilleuse, le double glaive de l'éloquence et de la logique, ils ne s'en pourront jamais faire une idée suffisamment fidèle.

De tels combats ne peuvent guère finir que faute de combattants, et les combattants, bretons tous les deux, n'étaient pas d'ailleurs de ceux qui se retirent légèrement du champ d'honneur. Celui qui tomba le premier fut Laënnec, bien moins vigoureux que Broussais, mais plus jeune que lui d'une dizaine d'années, et venant d'achever à peine la première moitié de sa quarante-sixième année. Son rival lui survécut environ dix ans, et mourut lui-même à un âge encore peu avancé.

Leur mort fut aussi différente que l'avaient été leur vie et leur constitution.

Atteint *de ce long mal qui va consumant*, et à la description duquel le nom de cette noble victime restera éternellement attaché, Laënnec s'éteignit lentement.

Broussais, au contraire, n'avait pas perdu sensiblement de sa mâle énergie physique et morale, lorsque, par un trait singulier de ressemblance entre lui et son rival, il fut frappé d'une affection portant sur cet appareil gastro-intestinal aux maladies duquel (les phlegmasies, entre autres,) se rattachent les plus éclatants travaux de sa carrière révolutionnaire. Il s'était retiré à sa petite maison de campagne de Vitry, pour s'y reposer quelques jours. Pouvait-il s'attendre, et qui pouvait prévoir qu'il ne reviendrait pas vivant à Paris? Sans cause connue, il pousse tout à coup un effroyable cri, et meurt comme s'il eût été, dans le moment le plus inopiné, emporté par un coup de canon.

Quant à Laënnec, il était déjà mourant, à l'époque où il venait de publier cette seconde édition, *entièrement refondue* (je me sers de sa propre expression) du *Traité de l'auscultation médiate*, dans laquelle il répondait, non sans quelque trace de passion, à la critique véhémente et non moins passionnée, dont son ouvrage avait été l'objet, dans une nouvelle édition de l'*Examen des doctrines*. Cette seconde édition devait être le testament médical de Laënnec.

Si près de mourir, bien qu'il n'en eût pas encore le fatal pressentiment, Laënnec se souvient de son doux pays natal : *Et dulces moriens reminiscitur Argos.* Il y revient, et d'autant plus volontiers qu'il espère, en respirant l'atmosphère iodée des rivages de la mer, hâter son rétablissement. Vain espoir ! il y mourait, en effet, le 13 août 1826, c'est-à-dire il y a quarante-deux ans, presque jour pour jour, de sorte que nous célébrons à la fois aujourd'hui et le funèbre anniversaire de sa mort et l'heureuse inauguration de ce monument triomphal.

VIII. — Broussais, après la mort de son rival, n'avait point déposé les armes. Il lui était réservé de ne pas cesser de vivre avant d'avoir franchi les portes de cette Faculté, qui lui avaient été si longtemps, et, j'ose le dire, si injustement fermées. Il ne fallut rien moins qu'une révolution politique nouvelle pour qu'elles lui fussent ouvertes. De même que Laënnec était entré, par une sorte de coup d'État, dans une école où sa place était d'ailleurs, comme nous l'avons dit, si naturellement marquée, de même Broussais ne la vit s'ouvrir devant lui qu'après la révolution de Juillet 1830.

Cette révolution renversait ce que le coup d'État de 1822 avait élevé : les professeurs *licenciés* étaient rappelés et les professeurs qui les avaient remplacés étaient *licenciés* à leur tour. Tel est le flux et le reflux accoutumé des choses humaines.

Laënnec, l'orgueil et la gloire de ceux qui subissaient alors cette espèce de triste loi du *talion*, eût-il subi le même sort, si déjà, depuis environ quatre ans, une mort prématurée ne l'eût ravi à ce siècle médical qu'il avait tant illustré ? Les lauriers dont sa tête était couverte l'auraient-ils préservée de l'orage ? Qui pourrait le dire à coup sûr ? Dans le dernier cas, n'eût-ce pas été à la fois un singulier et beau spectacle, que de voir et Laënnec et Broussais assis ensemble sur les fauteuils de la Faculté, étonnée, pour ainsi dire, d'un tel rapprochement ? Que, s'il devait en être autrement ; si Broussais et Laënnec devaient se rencontrer sur le seuil de la grande Faculté, l'un pour y entrer, l'autre pour en sortir, béni soit le Ciel d'avoir épargné à l'un et à l'autre de ces illustres rivaux une aussi douloureuse épreuve, et de n'avoir pas permis que l'époque dont nous parlons fût témoin d'un aussi déplorable événement !

IX. — Mais il est plus que temps de m'arrêter. Je ne le ferai pas néanmoins sans vous avoir adressé un nouvel appel, ô Laënnec, ô Broussais ! Même au milieu de vos plus âpres disputes, vous vous étiez donné, un peu ironiquement, il est vrai, des conseils mutuels, et vous vous étiez ensuite proposé un projet de paix. Mais vous ne l'avez pas signé de votre vivant. Peut-être que, réunis dans un monde meilleur, votre réconciliation est désormais une œuvre accomplie. Si pourtant, même dans ce séjour de l'éternelle paix, de cette cité céleste que vous habitez, une telle réconciliation n'avait pas eu lieu, quel beau jour, quelle solennelle occasion pour nous en donner le doux et sublime spectacle !

Vous aviez déjà votre statue, vous, Broussais ; vous, Laënnec, vous possédez aujourd'hui la vôtre. Tous deux, vous jouissez de cette glorification suprême des grands hommes ! Ah ! nous vous en conjurons, au nom de cette fraternité de gloire, rapprochez-vous ; que vos cœurs se pressent l'un contre l'autre ; que vos fronts de génie, couronnés de nos lauriers, se penchent l'un vers l'autre ; donnez-vous enfin le saint baiser de la paix, et qu'à ce moment sacré cette immense assemblée, tout entière, tressaille d'un long frémissement de joie !

Et maintenant inclinons-nous encore une fois devant ce monument, belle œuvre d'un artiste éminent, qui s'est déjà fait connaître par tant d'autres également belles. Que cette statue porte et raconte, jusqu'aux siècles les plus reculés, la gloire de Laënnec ! Mais quelque dur que soit son airain, il sentira néanmoins quelque jour la dent plus dure de ce temps, qui ronge et dévore tout. Que t'importe, ô Laënnec ! Lorsque de longs siècles auront fait lentement subir à ton image de bronze leur inévitable outrage, il te restera toujours l'impérissable monument des œuvres de ton immortel génie. Nul plus que toi n'a le droit de dire, en effet : J'ai exécuté un monument plus durable que l'airain (*Exegi monumentum ære perennius*).

Oui, tu vivras éternellement de cette seconde vie des morts qui, selon l'heureuse expression de l'orateur romain, consiste à rester dans la mémoire des vivants : *Vita etenim mortuorum in memoria vivorum est posita.*

Paris.—Imp. Félix Malteste et Cie, rue des Deux-Portes-Saint-Sauveur, 22.

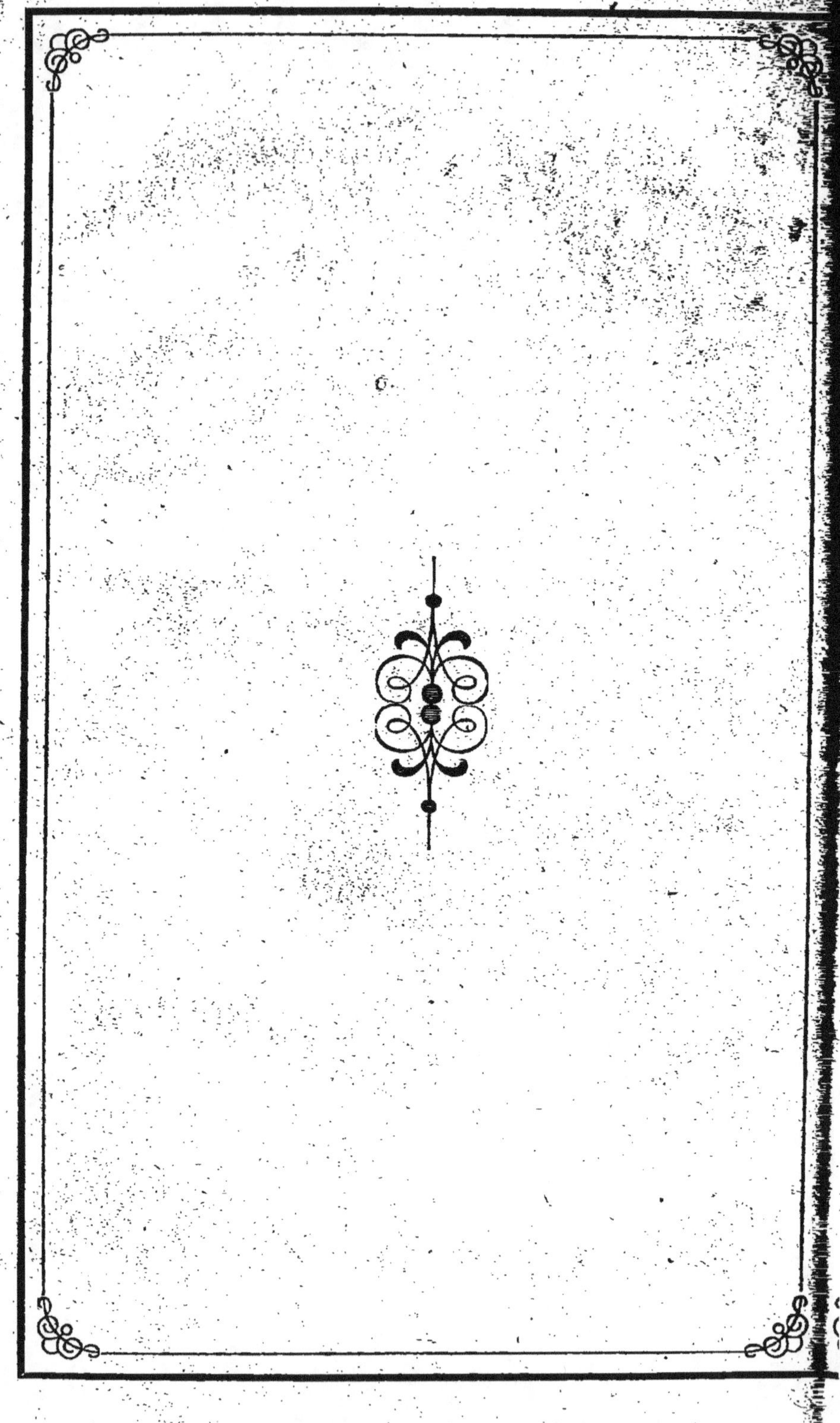

www.ingramcontent.com/pod-product-compliance
Lightning Source LLC
Chambersburg PA
CBHW061226090726
47597CB00015B/3121